STALIN

El hombre de acero

Por Aude Perrineau
Traducido por Laura Bernal Martín

Historia en50MINUTOS.es

STALIN

- **¿Nacimiento?** El 6 de diciembre de 1878 —oficialmente, el 21 de diciembre de 1879— en Gori (Georgia, Imperio ruso).
- **¿Fallecimiento?** El 5 de marzo de 1953 en Moscú.
- **¿Hechos destacados?**
  - La instauración del comunismo en la URSS.
  - El establecimiento de un régimen dictatorial y represivo.
  - La industrialización acelerada de la URSS y la colectivización de tierras.
  - La contribución a la victoria de los Aliados durante la Segunda Guerra Mundial (1939-1945).
  - El sometimiento de Europa del Este y el estallido de la Guerra Fría (1947-1991).

Iósif (Joseph) Vissariónovich Dzhugashvili, conocido como Stalin, es uno de los políticos más conocidos del mundo. Es secretario general del Partido Comunista de la Unión Soviética a partir de 1922 y, más tarde, de 1924 a 1953, dirigente de la URSS. Logra dominar primero su país y después a la mitad de Europa, antes de favorecer la extensión del comunismo por el resto del mundo.

Nacido en la pobreza en lo más recóndito de Georgia y expulsado de su escuela religiosa, Stalin afila sus armas en el gran bandidaje. Tras la Revolución rusa y la caída del régimen zarista, accede al cerrado círculo de los nuevos dirigentes socialistas antes de hacerse con el poder e instaurar un régimen dictatorial y represivo. Con Stalin, el brillante futuro que anunciaba la revolución se transforma en una pesadilla. Se convierte en el símbolo de un comunismo extremo, la encarnación de la barbarie moderna, y hace de la URSS un modelo de totalitarismo. Su reinado se distingue por la duración y la profundidad de sus actos, que lo convierten en el hombre político que más ha influido en el siglo XX.

Después de su muerte y de que salieran a la luz la magnitud de sus crímenes, se desmorona lo que sin duda fue la mayor utopía del siglo. Sin embargo, años después de su muerte, Stalin sigue suscitando una cierta fascinación. Tras la caída de la URSS, su popularidad renace en Rusia, donde su herencia se ha reinterpretado e idealizado.

El hombre de los mil y un apodos

A lo largo de su vida, Iósif Dzhugashvili tiene numerosos apodos y pseudónimos. Durante su infancia lo llaman Soso (diminutivo de Joseph) y, a continuación, cuando entra en la clandestinidad, adopta el nombre de Koba (bandido de honor, héroe de una novela de aventuras caucásica). Finalmente se decide por Stalin, formado sobre la palabra rusa *stal*, que significa «acero»: Stalin, el hombre de acero.

BIOGRAFÍA

Retrato de Stalin.

DE LA IGLESIA AL MARXISMO

Stalin nace el 6 de diciembre de 1978 en una familia muy humilde instalada en la ciudad de Gori, en Georgia. Su madre, Yekaterina Gueladze (1858-1937), es una mujer devota, ambiciosa y protectora que trabaja como empleada de casa para familias acomodadas. Su padre, Vissarion Dzhugashvili (c. 1850-1906/1909), es un zapatero violento y alcohólico. La pareja tiene cuatro hijos, pero solo sobrevive Stalin a pesar de su frágil salud: contrae la viruela en su infancia, lo que le deja un rostro picado que será cuidadosamente maquillado para los retratos oficiales, mientras que un accidente con un carro de caballos hiere irremediablemente su brazo izquierdo.

Acude a la escuela religiosa de Gori y más adelante al seminario de Tiflis (Tbilisi, capital de Georgia), donde demuestra estar dotado para los estudios. Aunque es un ávido lector y un buen actor, también es un niño difícil, autoritario, combativo, arrogante y despiadado, que rechaza cualquier forma de obediencia. Obtiene buenos resultados escolares hasta 1897, año a partir del que se desinteresa de sus estudios a favor de la política y pierde la fe. Es expulsado dos años más tarde, poniendo fin al sueño de su madre, que quería verlo convertido en obispo.

DE LA CLANDESTINIDAD AL PODER SUPREMO

Stalin comienza entonces a militar en los grupúsculos socialistas clandestinos de las grandes ciudades obreras del Cáucaso, fomentando la agitación y multiplicando las convocatorias de huelga. Es detenido en abril de 1902 por la Ojrana (la policía política zarista) y le condenan a tres años de exilio en Siberia. Tras su expulsión, se une al movimiento bolchevique (movimiento político que tiene como objetivo preparar una revolución socialista en Rusia apoyándose en la alianza de los campesinos y los obreros) y, en 1905, conoce a Lenin (líder revolucionario socialista ruso, 1870-1924), su fundador. Entre 1908 y 1913, Stalin se ve implicado en asaltos y extorsiones de diverso calibre (las llamadas «expropiaciones revolucionarias», destinadas a alimentar las arcas del Partido Bolchevique). Esto le lleva a ser detenido y sentenciado en varias ocasiones, pero también se gana el reconocimiento de sus compañeros.

Tras la Revolución rusa de 1917 y la toma del poder por parte de los bolcheviques, es nombrado comisario del pueblo de Asuntos Nacionales en el nuevo gobierno de Lenin. Durante la guerra civil (1918-1922) que se sucede, se encarga de misiones especiales cuyo objetivo es luchar contra los que se oponen al nuevo régimen. Se distingue entonces por su obsesión por los complots, por las detenciones arbitrarias, por las condenas sin proceso penal, por las sangrientas represalias y también por sus pésimos resultados militares. En marzo de 1919, se convierte en uno de los cinco miembros del Politburó (órgano ejecutivo del Comité Central del Partido Comunista Soviético), de nueva creación, con Lenin y Trotski (hombre político soviético, 1879-1940), y después en secretario general del Partido Comunista de la URSS en 1922. Dos años más tarde, con la muerte de Lenin, logra eliminar a sus adversarios directos al poder y encabezar el Estado.

Los delegados del VIII congreso del Partido Comunista Soviético. Stalin está en la segunda fila.

UNA VIDA PERSONAL CAÓTICA

La vida familiar de Stalin es el reflejo caótico y trágico del resto de su existencia. Se casa en 1906 con Yekaterina Svanidzé (1885-1907), que fallece a causa de una enfermedad al año siguiente, dejándole un hijo, Yákov (1907-1943), al que desprecia y al que se negará a intercambiar por otros prisioneros con los alemanes durante la Segunda Guerra Mundial. Después de la revolución vuelve a casarse, esta vez con Nadezhda Allilúyeva (1901-1932), que se suicida en 1932. Su hijo, Vasili (1921-1962) destacó en la aviación del Ejército Rojo por su indisciplina, su alcoholismo y su libertinaje. Por su parte, su querida hija Svetlana (1926-2011) pedirá asilo político en los Estados Unidos y se instalará allí en 1967.

TREINTA AÑOS DE DICTADURA

Cuando llega a la cabeza del Estado, impone un poder personal e instaura un régimen comunista totalitario. Las tierras y los medios de producción son nacionalizados y puestos al servicio de una industrialización acelerada del país. Los adversarios, reales o supuestos, son eliminados o enviados a campos de trabajo mediante grandes purgas, y la población inconformista o sospechosa es deportada a regiones aisladas. La religión también se prohíbe y la vida cultural se pone al servicio del nuevo régimen y del culto a la figura de su nuevo líder.

Tras la invasión alemana de junio de 1941 que se produce durante la Segunda Guerra Mundial, la URSS entra en guerra sumándose al bando de los Aliados. Entonces el Estado suaviza ligeramente la presión ideológica que ejerce sobre el pueblo, haciendo que el sentimiento nacionalista contra el invasor sea exacerbado. Con la victoria final, la URSS penetra en el restringido círculo de las grandes potencias. Esta victoria también le permite reforzar la popularidad de Stalin en el interior del país, favoreciendo y acentuando el culto a su persona. Pero la devastación del país y el endurecimiento ideológico que caracteriza los años subsiguientes acaban con las esperanzas de la población, que sueña con una vida mejor después de la guerra.

El fin de la amenaza nazi hace renacer el conflicto ideológico entre capitalistas y comunistas. Las democracias occidentales se organizan entonces para luchar contra la tendencia expansionista comunista por todo el mundo: es el comienzo de la Guerra Fría.

Envejecido y consumido físicamente, Stalin muere como

consecuencia de un ataque cerebral el 5 de marzo de 1953 en su dacha de Kuntsevo (distrito municipal de Moscú) pocos años después del inicio de las hostilidades y de la formación de los dos bloques.

CONTEXTO

LA CRISIS DEL IMPERIO RUSO

Cuando Stalin nace, el Imperio ruso (que entonces comprende Finlandia, los países bálticos, una parte de Polonia, Bielorrusia, Ucrania, el Cáucaso y una gran parte de Asia central) está dirigido por la dinastía Romanov desde hace casi 300 años. Aunque el Estado vive un período difícil y su modelo político es cuestionado, los zares rechazan el establecimiento de cualquier régimen parlamentario o constitucional, hundiendo al país cada vez más en la autocracia y el inmovilismo. Alejandro II (1818-1881), apodado el zar reformador, lanza un programa de reformas que se ve interrumpido por su asesinato y la oposición de su hijo, el futuro Alejandro III (1845-1894). Al final de su reinado, este último le deja a su sucesor, Nicolás II (1868-1918) un Estado sumido en una grave crisis social, política, agraria e industrial.

Las tensiones se acumulan y alcanzan su punto culminante el 22 de enero de 1905 en San Petersburgo, cuando la guardia abre fuego contra una manifestación obrera que le pedía al zar más justicia social. Este acontecimiento, conocido como el «Domingo Rojo», es el punto de partida de una creciente agitación que llevará, un decenio más tarde, a la revolución. Es seguido de varias olas de huelga en las grandes ciudades y de sublevaciones campesinas en el campo. En octubre, el zar acepta crear una constitución y un parlamento electo, la Duma, que en realidad no tendrá prácticamente poder.

Cuadro que representa el Domingo Rojo, por Ivan Vladimirov.

EL DESARROLLO DE LAS IDEAS SOCIALISTAS EN RUSIA

A principios del siglo XX, la mayoría de los rusos cultivados desean cambios políticos semejantes a los que se producen en Europa, y aspiran a una mayor implicación en la vida pública, así como a una liberación del pueblo. Pero al margen de los movimientos moderados, que piden reformas en el marco del sistema existente, se reafirman movimientos más radicales, campesinos partidarios de un derrocamiento completo del régimen. Estos rechazan la vía capitalista que han seguido los países de la Europa occidental y militan a favor de la instauración del socialismo.

Los socialdemócratas rusos fundan un primer partido en 1898. Se inspiran en las ideas de Karl Marx (teórico del socialismo y revolucionario alemán, 1818-1883), introducidas en Rusia a finales del siglo XIX, y sueñan con instaurar una sociedad sin clases mediante la revolución del proletariado. En 1903, se dividen en bolcheviques, liderados por Lenin, que desean la creación de un partido centralizado y jerarquizado así como una revolución socialista inmediata; y en mencheviques, liderados por Yuli Mártov (1873-1923), partidarios de una gran unión popular y un cambio progresivo al socialismo. Estos dos partidos de oposición se dedican clandestinamente a difundir sus ideas. De hecho, las huelgas están prohibidas y se reprimen violentamente, mientras que los sindicalistas y los oponentes son perseguidos por la policía zarista.

DEL IMPERIO RUSO A LA URSS

El ejército imperial, que ha entrado en la Primera Guerra Mundial (1914-1918) contra Alemania y Austria-Hungría, sufre numerosas derrotas y considerables pérdidas entre 1914 y 1916. La desmoralización y las penurias provocan huelgas y motines en las grandes ciudades a principios del año 1917. Los diputados de la Duma exigen entonces la abdicación del zar, que cede a sus reivindicaciones el 15 de marzo de 1917: es la Revolución de Febrero. Se forma un gobierno provisional designado por la Duma, pero su autoridad es poca y una enorme desorganización reina en todo el país.

Lenin sermoneando a la multitud.

Entonces, Lenin promueve la idea de un derrocamiento del gobierno provisorio a través de la insurrección armada, y hace que los principales responsables bolcheviques se sumen a su idea: es la Revolución de Octubre. Los insurgentes toman los puntos estratégicos de San Petersburgo y la noche del 6 de noviembre asaltan el Palacio de Invierno, sede del gobierno provisional. El mundo asiste a un verdadero golpe de Estado. A la mañana siguiente, Lenin anuncia que los bolcheviques han tomado el poder. A partir de ahora, es el líder del nuevo gobierno, en el que le otorga a Stalin el puesto de Comisario del Pueblo de Asuntos Nacionales. Algunos meses más tarde, los bolcheviques ponen fin a la guerra con Alemania a costa de graves pérdidas territoriales mediante el Tratado de Brest-Litovsk (3 de marzo de 1918). Inmediatamente después, se crea el Ejército Rojo y la capital se traslada a Moscú.

El nuevo régimen, apenas instaurado, se enfrenta ya a una violenta oposición, incluyendo la de los trabajadores. Asimismo, afronta la resistencia de los partidos contrarios: los socialistas revolucionarios constituyen un gobierno independiente, mientras que los oficiales zaristas crean un ejército propio. Vemos enfrentarse al Ejército Blanco (contrario a los bolcheviques) contra el Ejército Rojo, lo que sume al país en la agonía de la guerra civil. Las potencias extranjeras, abiertamente hostiles al bolchevismo, apoyan al Ejército Blanco enviando contingentes militares antes de intervenir armando a los generales blancos. Los conflictos militares no finalizan hasta noviembre de 1920, con la victoria de los rojos.

En diciembre de 1922, el nuevo Estado —que engloba Rusia, Ucrania, Bielorrusia y la Transcaucasia— adopta el nombre de URSS (Unión de Repúblicas Socialistas Soviéticas) y, a principios del año 1924, una constitución. El Partido Bolchevique toma el nombre de Partido Comunista y se convierte en el único partido legal.

LA UTOPÍA DE LA REVOLUCIÓN MUNDIAL Y LA CONSTRUCCIÓN DEL SOCIALISMO

Para Lenin y Trotski, la revolución soviética no es más que el punto de partida de un movimiento de extensión mucho mayor, la revolución mundial, en el que la URSS se convierte en la cuna de nacimiento de una insurrección popular que se extiende más allá de sus fronteras. El Komintern (o la Internacional Comunista) se crea en marzo de 1919 para reagrupar en el seno de una organización internacional a los partidos comunistas de todos los países. Está dirigido por la URSS, que busca por este medio desestabilizar o derrocar a los poderes establecidos. A lo largo de los años veinte, los líderes soviéticos esperan así las señales precursoras de conflictos entre países capitalistas susceptibles de conducir a una revolución comunista. Al mismo tiempo, se esfuerzan por normalizar sus relaciones diplomáticas con dichos países con el fin de evitar que se forme un nuevo frente capitalista contra la URSS. Pero en Europa occidental no tiene lugar ninguna revolución comunista. Así, la contraofensiva lanzada al final de la guerra civil (1920) por el Ejército Rojo contra Polonia, que había invadido Ucrania, se encuentra con una gran resistencia patriótica y con la falta de experiencia estratégica de Stalin. Este fracaso, seguido por los de los intentos de revolución comunista en Hungría (1919), en Alemania (1921 y 1923), en Bulgaria (1923) y en China (1927) simbolizan el fin del sueño de una revolución mundial. Finalmente, la crisis económica de 1929 no es beneficiosa para el anticapitalismo y para el ascenso del comunismo, pero sí para el de movimientos nacionalistas o fascistas.

Por su parte, Stalin, que no cree en la revolución mundial y que incluso teme sus consecuencias, está convencido de que la prioridad deben tenerla los intereses del Estado soviético por encima del movimiento comunista internacional. A partir de 1928, gana terreno su doctrina, conocida como «la construcción del socialismo en un solo país». Hasta 1933, la URSS se centra, por tanto, en la lucha contra los partidos socialdemócratas europeos, considerados demasiado moderados y, por ello, que se desvían del objetivo. Pero al impedir la aproximación del Partido Comunista con el Socialdemócrata de Alemania, la doctrina estalinista facilita el ascenso a poder del Partido Nacionalsocialista de Adolf Hitler.

Consciente del peligro, la política exterior soviética da un giro y se acerca a las democracias occidentales, siempre apaciguando a Alemania para evitar que estalle un enfrentamiento armado para el que no está preparada. Asimismo, favorece la unión de los movimientos de izquierda para cortarle el paso al fascismo. En 1936, estos frentes populares logran victorias electorales, entre las que destaca la que tuvo lugar en España, donde un intento de golpe de Estado militar, como respuesta a la victoria de la izquierda española, acaba después de tres años de guerra civil en la llegada al poder del general Franco (1892-1975), y ello a pesar de la discreta ayuda de la URSS al bando republicano. Como respuesta, Japón y Alemania, a los que después se les suma Italia, Hungría y España, firman en 1936 el Pacto Antikomintern, que hace realidad el miedo de encierro capitalista propagado desde hacía tiempo por la propaganda soviética.

LA SEGUNDA GUERRA MUNDIAL

Después de muchas dudas, la URSS decide aliarse con Alemania en vez de con las democracias occidentales. Es una alianza oportunista, puramente pragmática, que le permite a esta última invadir Polonia el 1 de septiembre de 1939 sin temer una intervención soviética. Dos días más tarde, Gran Bretaña y Francia le declaran la guerra a Alemania. El 17 de septiembre, la URSS invade a su vez Polonia, con la que tiene antiguas cuentas que saldar. Poco a poco, la guerra se va extendiendo.

Los alemanes logran victorias relámpago en el frente Oeste (en Polonia, en Dinamarca, en los Países Bajos, en Bélgica y en Francia) hasta junio de 1940, lo que les permite considerar una expansión hacia el este. El 21 de junio de 1941, Alemania invade la URSS, rompiendo así el pacto que las unía. En diciembre, los americanos se unen a los Aliados tras el ataque de Japón a su base naval en Pearl Harbor. A partir de entonces, los soviéticos, los británicos y los americanos se reúnen en varias ocasiones para decidir las estrategias de continuación de la guerra: en Moscú (agosto de 1942), en Teherán (noviembre de 1943), en Yalta (febrero de 1945) y en Potsdam (julio de 1945).

Winston Churchill, Franklin D. Roosevelt y Stalin en la conferencia de Yalta.

A partir del verano de 1942, los alemanes pierden cada vez más terreno en el territorio soviético. El 6 de junio de 1944, el desembarco de Normandía abre un segundo frente, al oeste. El avance conjunto de las tropas aliadas y de los soviéticos coge por sorpresa a Alemania, que capitula el 8 de mayo de 1945, poniendo fin a la guerra en Europa. Por su parte, las bombas nucleares de Hiroshima y Nagasaki en agosto de 1945 conducen a la capitulación de Japón el 2 de septiembre de 1945 y al final del conflicto a nivel mundial.

MOMENTOS CLAVE

DE LENIN A STALIN: LA LLEGADA AL PODER

Durante la Guerra Civil Rusa (1918-1922), Stalin es un colaborador muy cercano a Lenin, que le aprecia por su determinación sin excepciones y por la falta de escrúpulos de sus acciones. Mantiene su confianza en él los años subsiguientes y, en 1922, Stalin es nombrado secretario general del partido, función que ocupará durante 30 años. Sin embargo, la relación entre ambos no está exenta de conflictos, y Lenin no se hace muchas ilusiones con su protegido, al que considera demasiado brutal en su testamento político, hasta el punto de que recomienda al partido que lo aparte del mismo. Cuando Lenin muere el 21 de enero de 1924, deja un sitio libre en la cúspide del Estado para quien sepa hacerse con él.

Foto de Stalin y Lenin.

En la batalla táctica que se sigue, Stalin demuestra ser el más hábil y logra eliminar uno a uno a los candidatos a la sucesión. En algunos años coloca a sus hombres en las posiciones más importantes para controlar los órganos estratégicos y los puestos esenciales del poder. Primero se alía con Zinóviev (1883-1936) y con Kaménev (1883-1936) contra Trotski, antes de volverse contra ellos. Para asentar su legitimidad, intenta inscribirse en la misma línea ideológica que Lenin, y no duda en presentarse como su «mejor discípulo». Propone algunas ideas simples y hace que las otras corrientes de pensamiento sean consideradas desvíos que amenazan la unidad del partido. Así, logra encarnar al heredero del difunto maestro, en el que se reconocen los militantes de origen popular.

EL GRAN PERDEDOR

Trotski es el gran perdedor de la batalla por la sucesión de Lenin y seguirá siendo el eterno rival de Stalin. Uno de los primeros revolucionarios, gran teórico del marxismo, desempeña un papel decisivo en la guerra civil al crear y organizar al Ejército Rojo. Es un candidato para suceder a Lenin, pero se da cuenta demasiado tarde del peligro que representa Stalin. En 1919 es expulsado de la URSS, y no deja de denunciar la política de Stalin y el abandono de la revolución mundial durante su exilio, que le lleva a Turquía, Francia y Noruega y, más tarde, en 1937, a México, donde un agente de Stalin le encuentra y le asesina tres años más tarde.

EL ESTABLECIMIENTO DE LA DICTADURA

Stalin se rodea de un grupo de colaboradores fieles a su persona y a sus ideas. Así, los líderes del partido se renuevan profundamente entre 1920 y 1930 para eliminar a la primera generación del bolchevismo, más próxima a Lenin. En cambio, asciende a personas nuevas, sin referencia al pasado, que le deben todo y que se entregan a él. De esta forma, concentra cada vez más poder bajo el pretexto de una centralización necesaria: de ahora en adelante, el Estado funciona según las decisiones que toman de manera informal en pequeños comités un restringido grupo de personas.

Su poder personal se acompaña de una intensa propaganda: carteles, periódicos y emisiones de radio y de televisión. Se presiona a los intelectuales para que se pongan al servicio del nuevo régimen. Asimismo, la propaganda procura transmitir el culto a la figura de Stalin, que hace que se reescriba su biografía y los libros de historia para que su papel en la disidencia clandestina y en la revolución sea más importante. También se esfuerza por destacar los grandes logros y ocultar así la miseria, el despilfarro y los abusos de poder que corrompen la URSS, mostrando así el mundo no como es, sino como debería ser en un Estado socialista ideal. La propaganda se dirige también al extranjero para promover el modelo soviético: mientras que los países capitalistas están gravemente afectados por la crisis de 1929, se crean granjas y fábricas modelo especialmente para las visitas de delegaciones extranjeras.

Desfile en honor de Stalin.

Finalmente, la religión es considerada una ideología rival, por lo que se cierran las iglesias, que se transforman en almacenes o en garajes, y se saquean los monasterios. La gran catedral de Cristo Salvador de Moscú es dinamitada el 5 de diciembre de 1931, y se suprimen las fiestas religiosas. Se crean fiestas soviéticas para marcar el ritmo de la vida cotidiana.

¿SABÍAS QUE...?

Un símbolo del exagerado culto a su personalidad es la inmensa estatua de Stalin que se erige en la cumbre del Elbrus, el pico más alto del Cáucaso, y cuya inscripción reza: «En la cumbre más alta de Europa hemos erigido el busto del hombre más grande de todos los tiempos».

UNA INDUSTRIALIZACIÓN ACELERADA

Partiendo de la afirmación de que Rusia es un país tecnológicamente muy atrasado si lo comparamos con los países de la Europa occidental, Stalin decide convertir a la URSS en una gran potencia industrial y militar. Para lograrlo, enmarca el desarrollo industrial en una planificación centralizada: los planes quinquenales, que definen los objetivos que hay que cumplir en términos de producción en un plazo de cinco años. El primer plan, lanzado en 1928, da prioridad a la industria pesada y a las infraestructuras. Los trabajadores, cuyo número no para de aumentar, están mal pagados y sometidos a fuertes presiones para alcanzar los ambiciosos objetivos que establecen los planes.

El crecimiento industrial resulta ser impresionante y muestra un enorme aumento de la producción de materias primas (acero, carbón y electricidad). Se lanzan grandes proyectos que se dan como ejemplos de la modernización acelerada del país. El régimen se enorgullece, entre otros, de las fábricas de tractores y automóviles, de los complejos siderúrgicos, del embalse hidroeléctrico de Dniéper o incluso del metro de Moscú, cuya primera línea es inaugurada en 1935. Este escaparate del socialismo, clavado lo suficientemente profundo como para servir de refugio en caso de guerra, es decorado como un palacio subterráneo.

LA COLECTIVIZACIÓN RURAL FORZOSA

En los años veinte, Rusia es mayoritariamente agrícola: el 80% de su población está compuesta por campesinos que se oponen a la colectivización y que prefieren una distribución igualitaria de las tierras y una reducción de impuestos. Esto no impide que Stalin inicie la colectivización de tierras en el mes de noviembre de 1929 para mejorar el abastecimiento de las ciudades. Esta medida prevé el reagrupamiento de campesinos en los koljós (granjas con carácter colectivo) o en sovjós (granjas del Estado) y la eliminación de una clase social, los kuláks (campesinos más acomodados) que son expropiados y deportados a regiones inhóspitas o a campos de trabajo. Los koljosianos no tienen derecho a salir del pueblo sin autorización y están sometidos a muchas tareas pesadas (tala de bosques, construcción de carreteras, etc.). Desilusionados, trabajan realizando el mínimo esfuerzo en tierras que ya no les pertenecen y cuyas cosechas compra el Estado a precios irrisorios que no les permiten vivir. La débil producción es requisada por el Estado para cumplir su plan de racionamiento, lo que provoca escasez y hambre en el campo. La resistencia masiva a la colectivización y las revueltas armadas que provoca son cuidadosamente silenciadas en la historia oficial.

En 1935 se considera que se ha logrado la colectivización, pero esta solo puede durar con concesiones: se ceden pequeñas parcelas individuales a los campesinos para que puedan asegurarse de cubrir sus necesidades, y se crean privilegios materiales y honoríficos para estimularlos.

GOBERNAR MEDIANTE EL MIEDO

La Checa (policía política creada en 1917 para luchar contra la contrarrevolución) es reemplazada en 1934 por la NKVD, el Comisariado del Pueblo de Asuntos Internos, que a su vez pasará a ser el KGB (Comité de Seguridad del Estado) tras la muerte de Stalin. Lavrenti Beria (1899-1953) se coloca al mando de NKVD en 1938 y se convierte en el brazo derecho de Stalin y en el principal ejecutor de su política de terror.

En el sistema estaliniano, el objetivo del miedo es luchar contra todo tipo de oposición: no solo contra el espionaje extranjero, los conspiradores o los supuestos adversarios, sino también contra los responsables políticos, económicos o militares sospechosos de ser responsables de las dificultades con las que se encuentra el establecimiento de nuevas medidas. Se apunta a todo el mundo, y con razón: el avance hacia el socialismo necesita chivos expiatorios que expliquen sus fracasos. Stalin llega, incluso, a establecer cuotas de deportaciones y de ejecuciones que se cumplen a golpe de acusaciones imaginarias. Además, el sistema anima a que se delate y obliga a los ciudadanos a vivir en el miedo y la mentira: la presunción de culpabilidad está por todas partes y todos son potenciales sospechosos.

En el contexto de la Gran Purga (operación de represión masiva entre los años 1936-1938) se dan los procesos en los que se juzgan y se condenan a los principales líderes bolcheviques que se oponen a Stalin (entre ellos, Zinóviev y Kaménev). Para acusarlos, todo está permitido: desde manipular los indicios de delito hasta recurrir a la tortura. En 1937-1938, las purgas llegan al ejército, motivadas por una paranoia sobre los antiguos oficiales zaristas. Los principales generales, así como muchos oficiales y militares, son detenidos. En un corto espacio de tiempo, el ejército pierde a casi 40 000 suboficiales.

En los últimos años del reinado de Stalin, la caza contra la influencia extranjera toma un giro antisemita. Se detiene a miles de judíos o se los expulsa, acusados de actividades antirrusas o pro-imperialistas. En enero de 1953, un grupo de médicos judíos es acusado de haber intentado envenenar a líderes soviéticos sin motivo alguno: es el llamado Complot de los Médicos, que supone el probable inicio de nuevas grandes purgas, interrumpidas por la muerte del dictador.

LOS CAMPOS DE TRABAJO

El Gulag (la administración principal de los campos) se crea en los años treinta bajo orden de Stalin. Se trata de una red de campos de trabajo forzoso, en la que los detenidos, que supuestamente tienen que ser «reeducados» a través del trabajo, son explotados como esclavos. Son una mano de obra gratuita que permite explotar las riquezas naturales de regiones inhóspitas y garantizar el desarrollo del nuevo Estado socialista. Aunque algunos son prisioneros políticos, la mayoría son ciudadanos ordinarios, víctimas del castigo desproporcionado de pequeños delitos. Trabajan en explotaciones de minerales, de madera, de carbón, en la construcción de carreteras, de canales o de vías ferroviarias.

STALIN CONTRA HITLER: LA «GRAN GUERRA PATRIÓTICA»

El 23 de agosto de 1939, los alemanes y los soviéticos firman un pacto de no agresión que incluye una cláusula secreta que reconoce una zona de influencia soviética en Europa oriental. Stalin ve la ocasión de desviar los objetivos imperialistas de Alemania hacia el oeste de Europa y de plantear una expansión en Europa del Este o, en caso contrario, que estalle una revolución bolchevique a partir de esta. Sin embargo, la mañana del 22 de junio de 1941 Alemania rompe el pacto: se lanza la operación Barbarroja, una de las mayores operaciones militares de la historia, con el objetivo de aniquilar mediante una guerra relámpago el judeo-bolchevismo que corrompe la URSS y a los que considera «subhombres esclavos».

De 1941 a 1942, el ejército soviético sufre terribles derrotas y las pérdidas son graves. Creyendo que Alemania no se atreverá a enfrentarse sola a la URSS, Stalin desdeña muchas señales precursoras y los informes de espías que comunicaban que habría un ataque inminente. Además, el ejército soviético está mal equipado, totalmente desorganizado por las purgas y liderado por oficiales sin experiencia. Stalin, que no tiene formación militar, se niega a tener en cuenta los consejos de los expertos, da órdenes inaplicables y encadena malas decisiones. Cabe señalar que prohíbe las jubilaciones y que ordena luchar a los hombres hasta su último suspiro bajo amenaza de ser fusilados. Los alemanes, mucho mejor preparados, provocan numerosas víctimas y también se hacen con un gran número de prisioneros. Los generales considerados responsables de la debacle soviética son detenidos y ejecutados, acusados de traición.

A partir del 4 de septiembre de 1941, el ejército alemán asedia Leningrado. El bloqueo a la ciudad dura hasta el 27 de enero de 1944, casi 900 días, y se cobra no menos de un millón de víctimas. El mes siguiente, la operación Tifón le permite a los alemanes acercarse a algunas decenas de kilómetros de Moscú, suscitando pánico. Mientras que una parte de las administraciones son evacuadas, Stalin decide quedarse para animar a la resistencia. Finalmente, el agotamiento de las tropas alemanas, sus problemas de abastecimiento y la dureza del invierno ruso permiten que la contraofensiva soviética les haga retroceder más de una centena de kilómetros.

CIUDADES CON MÚLTIPLES NOMBRES

La ciudad de San Petersburgo es renombrada Petrogrado a principios de la Primera Guerra Mundial para hacer desaparecer la sonoridad germánica de su nombre. En 1924, tras la muerte de Lenin, se convierte en Leningrado, y vuelve a su nombre de origen tras la caída de la URSS en 1991. Asimismo, Tsaritsyn, la ciudad en la que Stalin organizó la resistencia al Ejército Blanco, se convierte en Stalingrado en 1925. Es rebautizada en 1961 como Volgogrado.

En la primavera de 1942, los alemanes lanzan la operación Azul, cuyo objetivo es atacar el sur de la URSS y Stalingrado, punto crucial para el abastecimiento petrolífero y la navegación fluvial. Desde finales de agosto de 1942 hasta enero de 1943, la batalla de Stalingrado conlleva gravísimas pérdidas en ambos bandos. Los soviéticos, conscientes de la importancia vital de la ciudad, muestran una resistencia que los alemanes no se esperaban. Su liberación es la primera gran derrota de Hitler y marca un nuevo giro en la guerra. Desde entonces, los alemanes no paran de retroceder hasta la victoria final. Se retoma Kiev el 6 de noviembre de 1943, y la operación Bagration, lanzada por los soviéticos el 22 de junio de 1944 después del desembarco de Normandía, coge al ejército alemán por sorpresa y permite continuar el avance por Europa del Este.

LA ESCISIÓN ENTRE DOS MUNDOS

Con la certitud de la victoria final, la alianza oportunista entre comunistas y capitalistas comienza a romperse. A medida que se liberan los territorios de Europa del Este, Stalin instala a sus partidarios en los puestos de mando. Es el caso de Polonia y después de Yugoslavia, donde el mariscal Tito (1892-1980) se hace con el poder con ayuda soviética. Rumanía, Hungría, Bulgaria y Albania también se convierten en Estados satélites de la URSS, a los que se suma Checoslovaquia en 1948: es la formación del Bloque del Este.

Tomar Berlín antes que los demás es el principal objetivo de los últimos meses de guerra. El 30 de abril de 1945, las tropas del mariscal Zhúkov (1896-1974) izan por fin la bandera soviética en la cumbre del Reichstag (cámara legislativa alemana). Alemania, que capitula el 7 de mayo, se ve enseguida dividida por los vencedores en varias zonas de ocupación. A partir del 24 de junio de 1948, Stalin instaura el bloqueo de Berlín oeste —ocupado por los Aliados pero enclavado en la zona de ocupación soviética— para intentar incorporarlo a su territorio. Los Aliados responden rápidamente con la creación de un puente aéreo, lo que fuerza a Stalin a levantar el bloqueo el 12 de mayo de 1949.

Los numerosos intentos de intimidación soviéticos llevan a la formación en 1949 de la OTAN (Organización del Tratado del Atlántico Norte), un organismo militar defensivo entre los países de Europa occidental y de América del Norte. La amenaza es real y había llevado a los Estados Unidos a luchar contra el avance comunista dos años antes, con la Doctrina Truman. En el territorio americano, el senador McCarthy (1908-1957) inicia una verdadera caza de brujas contra toda persona sospechosa de simpatizar con el comunismo.

El conflicto ideológico se extiende sobre el resto de continentes: Stalin firma un tratado de alianza con la recién creada República Popular de China y le suministra armas al dictador norcoreano Kim-Il-sung (1912-1994) para invadir el sur, lo que provoca la guerra de Corea (1950-1953) que acabará en un statu quo y en la división del país a largo plazo.

REPERCUSIONES

UNA SOCIEDAD SUMIDA EN LA MISERIA

Los planes quinquenales establecidos durante la dictadura de Stalin privilegian la producción de bienes de producción en detrimento de bienes de consumo, lo que crea una sociedad con problemas de escasez muy alejada de la sociedad de abundancia prometida por el socialismo. La grave escasez alimentaria generada por la colectivización lleva a la instauración de un sistema de racionamiento de productos de primera necesidad y de bienes de consumo básicos, que se mantiene en vigor entre 1930 y 1935 y, más tarde, de 1940 a 1947. De hecho, habrá que esperar 40 años antes de alcanzar el nivel de consumo alimentario de 1913, mientras que el nivel de vida en el campo nunca se pudo mejorar. La situación también es crítica en las ciudades, donde la vivienda es escasa.

Aunque Stalin deseaba que su país se recuperara, los planes quinquenales y sus objetivos eran muy ambiciosos, por no decir irrealizables, y desorganizan en parte la producción. Se paran muchas obras antes de ser acabadas o se hacen a toda prisa para respetar los plazos acordados. En cambio, el énfasis que se pone en la industria pesada y en la industria de guerra resulta ser decisivo durante el segundo conflicto mundial, incluso si la URSS se mantiene dependiente del suministro de material de guerra por parte de los Aliados.

UN TERRIBLE RECUENTO DE VÍCTIMAS

Entre 1930 y 1953 se condena a muerte en el mayor de los secretos a cerca de un millón de contrarrevolucionarios, «enemigos del pueblo» o «elementos socialmente perjudiciales». Se calcula que hubo más de siete millones de deportados y entre 15 y 20 millones de personas que viven en los campos de la Gulag.

Las medidas que se toman contra el mundo campesino causan inimaginables daños humanos. Dos millones y medio de campesinos son deportados, cientos de miles mueren en deportación y otros tantos son enviados a campos de trabajo. En el campo, la colectivización y las desmesuradas requisas de productos alimentarios causan grandes hambrunas (destacan la de 1932-1933 y la de 1946-1947). En 1933, Stalin condena deliberadamente a seis millones de campesinos a morir de hambre en Ucrania. Se trata de una de las mayores masacres del siglo, pasada por alto en Occidente y camuflada en la URSS.

La Segunda Guerra Mundial se cobra aún más víctimas en la URSS, con cerca de 26 millones de muertos, en parte debido al poco valor que el régimen estaliniano le otorga a la vida humana y a las pésimas elecciones tácticas de Stalin. La guerra también provoca deportaciones, que afectan sobre todo a habitantes de territorios liberados que juzgan haber sido contaminados por el capitalismo, a las élites y a los nacionalistas de las poblaciones fronterizas que se están sovietizando (los países bálticos y Ucrania), así como a las nacionalidades «sospechosas» o acusadas

—sin fundamento— de colaboración con el ocupante nazi. En gigantescos trenes, se envía a Siberia, a Uzbekistán y a Kazajistán a cientos de miles de karachais (pueblo ruso que vive en las regiones montañosas del centro del Cáucaso), de calmucos (pueblo mongol que se encuentra principalmente en Rusia), de chechenos, de ingusetios (pueblo caucásico de Rusia), de balkarios (pueblo turco de Rusia), de ucranianos, de tártaros de Crimea (pueblo turco musulmán) y de mesj (pueblo musulmán). Asimismo, sus regiones autónomas son abolidas e incluso se borra la existencia de estos pueblos de los documentos oficiales.

DESESTALINIZACIÓN Y CONSTANCIA

En la postguerra, Stalin se beneficia del apoyo sincero de una parte de la población, que ha visto en él un general victorioso, y con el que los más jóvenes han podido dejarse llevar por el utópico proyecto socialista. Esta gloria se la debe sobre todo a la victoria de la batalla de Stalingrado y al papel que desempeña en la protección de su país. Por ello, su muerte es acogida con preocupación ante la incertidumbre del futuro y el miedo a nuevos conflictos.

Nikita Kruschev y Stalin, foto tomada en 1936.

Nikita Kruschev (1894-1971), su ayudante desde hacía mucho tiempo y fiel partidario del régimen, es el que se impone al mando del Partido. Sin embargo, en 1956, durante el XX Congreso del Partido, critica entre líneas los abusos de la época estaliniana. Pero habrá que esperar a la llegada al poder de Mijaíl Gorbachov (nacido en 1931) y su política de transparencia (1985-1991) para que el alcance real de los crímenes cometidos por Stalin llegue a oídos del mundo entero. Los años que se siguen a la muerte de este están marcados por la desestalinización y por una relativa tranquilidad: la mitad de los detenidos del Gulag son liberados gracias a una gran amnistía y el nombre de Stalin desaparece de la prensa. En 1961, su cuerpo es retirado del mausoleo de la Plaza Roja en el que estaba enterrado al lado de Lenin. Los lugares que llevan su nombre son desbautizados y sus estatuas destruidas.

Al cargar todos los excesos de la época estaliniana en la figura del propio dictador, Kruschev logra salvaguardar la imagen del partido y su dominio, y consigue así conservar el poder. Los gobiernos sucesivos, por tanto, se inscriben en la línea del sistema estaliniano, continuando con la misma política y perpetuando el sistema económico y social hasta la caída de la URSS. Por ello, la desestalinización se ve más adelante como el inicio del resquebrajamiento del sistema soviético.

EL COMUNISMO DESPUÉS DE STALIN

Cuando Stalin vive, la opinión pública occidental sufre el engaño de la propaganda soviética. Numerosos intelectuales apoyan el comunismo estaliniano y admiran su modelo económico, que parece realmente creíble si no se conoce la realidad del terreno.

El informe de Kruschev, aunque parcial, supone una conmoción que sacude gravemente la ideología comunista y que pone fin de forma brutal al sueño de una sociedad más justa y más feliz. A continuación, los comunistas se dividen y algunos partidos nacionalistas buscan ahora su propio camino, lejos de la tutela de Moscú. Después de la explosión de su primera bomba atómica en Kazajistán en 1949, la URSS deja de ser vista como la abanderada de una revolución social que quiere construir un mundo mejor y se percibe a partir de entonces como una potencia militar agresiva.

STALIN Y LA RUSIA ACTUAL

Paradójicamente, Stalin sigue siendo hoy en día bastante popular en Rusia. Las generaciones que no vivieron su régimen recuerdan esencialmente la victoria sobre los nazis, la entrada en la era industrial de Rusia y el establecimiento de un Estado poderoso y reconocido internacionalmente. También le aprecian especialmente aquellos que sienten nostalgia por la URSS. Así lo demuestra su tumba, junto a los muros del Kremlin y siempre cubierta de flores.

La popularidad de Stalin se basa de hecho en una visión selectiva e idealizada del pasado, desarrollada en parte como consecuencia de la decepción causada por los gobiernos contemporáneos. También está ligada a la admiración a un hombre fuerte y a la nostalgia de un período de esplendor ruso. Así, para algunos rusos, la construcción de un Estado fuerte y el orgullo nacional pueden justificar, en parte, el tormento del terror. Este pasado soviético, de hecho, ha sido rehabilitado por Vladimir Putin (hombre de Estado ruso, nacido en 1952) con el fin de crear una continuidad histórica entre la URSS y el Estado ruso actual, que además ha heredado de estos dos períodos una gran cantidad de características (omnipresencia de la policía secreta, uso de la violencia contra los adversarios, desconfianza hacia los supuestos representantes de Occidente, etc.). Por tanto, la sombra de Stalin sigue planeando sobre Rusia.

EN RESUMEN

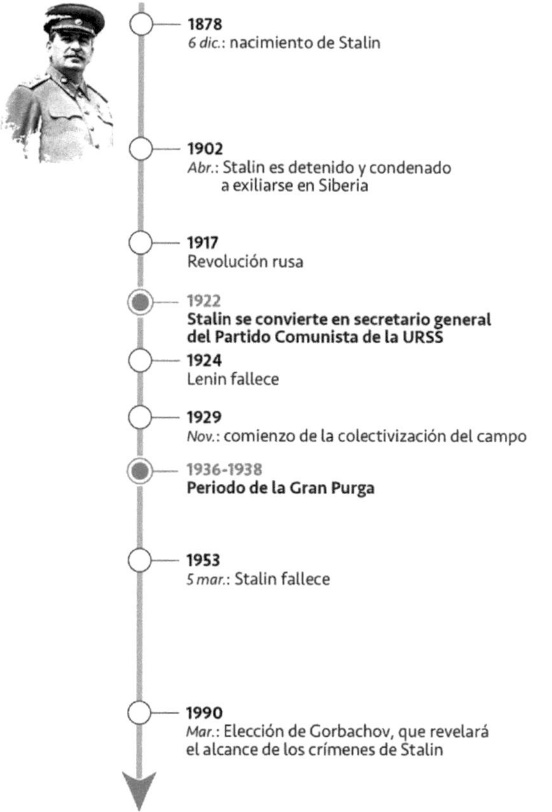

- Stalin nace en una familia muy modesta del Cáucaso, y se da a conocer gracias al compromiso con el movimiento socialista que lucha contra el régimen zarista. Accede al gobierno después de la revolución y se hace con el poder después de la muerte de Lenin gracias a su oportunismo, a su sentido táctico y a su falta de escrúpulos.

- Durante cerca de 30 años dirige con mano de hierro la URSS. Instaura un régimen totalitario, rechazando delegar el poder y recurriendo al terror político para asegurarse su permanencia (ejecuciones arbitrarias, deportaciones masivas, hambruna organizada).

- Sucesor autoproclamado de Lenin, Stalin se mueve tanto por una ideología revolucionaria como por su atracción por el poder. Aunque su política se inscribe en la línea de las ideas marxistas, su práctica política supone el nacimiento de un sistema global particular, conocido como estalinismo.

- Mediante una economía planificada y centralizada, logra su objetivo: convertir a su país en una gran potencia industrial y militar. Los grandes éxitos se glorifican con la propaganda para manifestar la grandeza del país y el éxito de la ideología comunista, tanto dentro como fuera del país.

- La reforma agraria, que pretende alimentar mejor a la población y formar agricultores prósperos, se hace mediante una demostración de fuerza contra los campesinos y con el precio de una terrible hambruna. Además, las medidas establecidas convierten a los nuevos koljosianos en agricultores privados de todo derecho y de toda perspectiva.

- Pero dejando a un lado los grandes logros industriales y militares, la URSS ve cómo su pueblo cae en la miseria. La realidad está muy alejada del ideal prometido por Stalin y que proclama la propaganda.

- Cuando estalla la Segunda Guerra Mundial, Stalin piensa que está protegido por el pacto de no agresión firmado con Alemania. Por ello, la entrada de las tropas del Führer en su territorio le coge por sorpresa. Solo los inmensos recursos humanos y materiales de la URSS le permiten enmendar la situación. Aunque se logra la victoria a pesar de Stalin más que gracias a él, es su figura la que se ve engrandecida tanto en el seno del Estado como en el exterior.

- Aunque los Aliados y los rusos luchan juntos, su alianza es solo temporal y, a partir de la liberación de los países de Europa del Este por parte del Ejército Rojo, Stalin aprovecha para extender la esfera de influencia soviética por la mitad de Europa. Los comunistas y los capitalistas se disputarán el resto del mundo durante casi 40 años.

- Cuando muere, Stalin es aclamado prudentemente en los países no comunistas como el vencedor del nazismo. Aunque sus sucesores en el poder le critican, el alcance real de sus crímenes solo será revelado con la caída de la URSS. El período que se sigue está marcado por la desestalinización y por una relativa calma, pero enseguida se vuelve a instaurar un régimen autoritario.

PARA IR MÁS ALLÁ

FUENTES BIBLIOGRÁFICAS

- Bourdier, Florian. 2013. "Géorgie: les statues (staliniennes) de la discorde". *L'Express*. 5 de marzo.
- Fédorovski, Vladimir. 2007. *Le fantôme de Staline.* Mónaco: Éditions du Rocher.
- Grosset, Mark y Nicolas Werth. 2007. *Les années Staline.* París: Hachette.
- Husson, Édouard, Jean-Jacques Marie, Nicolas Werth, Laurent Neumann y Cyril Buffet. 2001. "Hitler-Staline: la guerre à mort". *L'Histoire*, n.º 252, 31-55.
- Kersaudy, François. 2012. *Staline.* París: Perrin.
- King, David. 2009. *Sous le signe de l'étoile rouge. Une histoire visuelle de l'Union soviétique de février 1917 à la mort de Staline.* París: Gallimard.
- Marie, Jean-Jacques. 1998. *Staline, naissance d'un destin.* París: Éditions Autrement.
- Marie, Jean-Jacques. 2001. *Staline.* París: Fayard.
- Sebag Montefiore, Simon. 2005. *Staline, la cour du tsar rouge.* París: Éditions des Syrtes.
- Sebag Montefiore, Simon. 2008. *Le jeune Staline.* París: Calmann-Lévy.
- Service, Robert. 2013. *Staline.* París: Perrin.
- Le Monde. 2003. "Staline, 50 ans après : ce qu'il fut, ce qu'il fit et ce qu'il en reste". *Suplemento de Le Monde.* 26 de febrero.
- Werth, Nicolas, Jean-Jacques Marie, Stéphane Courtois y Michel Winock. 2003. "La mort de Staline". *L'Histoire*, n.º 273, 31-59. Febrero.

FUENTES COMPLEMENTARIAS

- Appelbaum, Anne. 2005. *Goulag, une histoire*. París: Grasset.
- Carrère d'Encausse, Hélène. 1979. *Staline, l'ordre par la terreur*. París: Flammarion.
- Ferro, Marc. 1997. *Naissance et effondrement du régime communiste en Russie*. París: Librairie générale française.
- Figes, Orlando. 2009. *Les chuchoteurs. Vivre et survivre sous Staline*. París: Denoël.
- Furet, François. 1995. *Le passé d'une illusion. Essai sur l'idée communiste au XXe siècle*. París: Le Livre de Poche.
- Vaksberg, Arkadi. 2003. *Staline et les juifs*. París: Robert Laffont.
- Volkoff, Vladimir. 1991. *La Trinité du mal, ou réquisitoire pour servir au procès posthume de Lénine, Trotsky, Staline*. Lausana: L'Âge d'homme.
- Werth, Alexander. 2010. *Leningrad, 1943*. París: Tallandier.
- Werth, Nicolas. 1948. *La vie quotidienne des paysans russes de la révolution à la collectivisation*. París: Hachette.
- Werth, Nicolas. 1990. *Histoire de l'Union soviétique*. París: Presses universitaires de France.

FUENTES ICONOGRÁFICAS

- Retrato de Stalin. © Archivos federales alemanes.
- Los delegados del VIII congreso del Partido Comunista Soviético. Stalin está en la segunda fila. La imagen reproducida está libre de derechos.

- Cuadro que representa el Domingo Rojo, por Ivan Vladimirov. La imagen reproducida está libre de derechos.
- Lenin sermoneando a la multitud. © Goldshtein G.
- Winston Churchill, Franklin D. Roosevelt y Stalin en la conferencia de Yalta. La imagen reproducida está libre de derechos.
- Foto de Stalin y Lenin. La imagen reproducida está libre de derechos.
- Desfile en honor de Stalin. © Archivos federales alemanes.
- Nikita Kruschev y Stalin, foto tomada en 1936. La imagen reproducida está libre de derechos.

DOCUMENTALES

- *Piégés par Staline*. Dirigido por Nicolas Jallot y Xavier Deleu. Francia, 2003.
- *Stalin: Inside the Terror*. Dirigido por Tony Bulley. Gran Bretaña, 2003.
- *Staline, le tyran rouge*. Dirigido por Mathieu Schwartz, Serge de Sampigny e Yvan Demeulandre. Francia, 2007.
- *Hitler et Staline, la diagonale de la haine*. Dirigido por Ullrich H. Kasten y Hans-Dieter Schütt. Alemania-Francia-Italia, 2008.
- *Le Dernier Complot de Staline*. Dirigido por Philippe Saada. Francia, 2009.
- *Staline-Molotov: le tyran et son double*. Dirigido por Ullrich H. Kasten. Alemania, 2010.
- *Les Enfants du Goulag*. Dirigido por Romain Icard. Francia, 2011.

- *Birobidjan, Birobidjan!* Dirigido por Marek Halter. Francia, 2012.
- *Comment nous avons construit le métro de Moscou.* Dirigido por Xavier Villetard y Anne Brunswick. Francia, 2013.
- *L'Ombre de Staline.* Dirigido por Thomas Johnson y Marie Brunet-Debaine. Finlandia-Francia, 2013.
- *Retour à Stalingrad.* Dirigido por Vladimir Vasak, Liza Zamyslova y Sébastien Guisset. Francia, 2013.
- *Holodomor, le génocide oublié.* Dirigido por Bénédicte Banet. Francia, 2014.

LITERATURA

- Gide, André. 1937. *Retour d'URSS*, continuación de *Retouches à mon Retour de l'URSS*.
- Grossman, Vassili. 1941-1945. *Carnet de guerre. De Moscou à Berlin.*
- Koestler, Arthur. 1945. *El cero y el infinito.*
- Kravchenko, Victor. 1947. *Yo escogí la libertad.*
- Doudintsev, Vladimir. 1957. *No sólo de pan vive el hombre.*
- Soljenitsyne, Alexandre. 1962. *Un día en la vida de Iván Denísovich.*
- Boulgakov, Mikhaïl. 1968. *El maestro y Margarita.*
- Soljenitsyne, Alexandre. 1974. *Archipiélago Gulag.*
- Dombrovski, Iouri. 1978. *La facultad de las cosas inútiles.*
- Grossman, Vassili. 2000. *Por una causa justa*, continuación de *Vida y destino*, de 1980.
- Chalamov, Varlan. 1980-1982. *Relatos de Kolymá.*
- Orwell, George. 1981. *Rebelión en la granja.*
- Gorenstein, Friedrich. 1988. *Compagnons de route.*

- Rybakov, Anatoli. 1988. *Los hijos del Arbat.*
- Pristavkine, Anatoly. 1989. *Una nube dorada dormía.*
- Matthews, Owen. 2009. *Stalin's Children.*

EDIFICIOS CONMEMORATIVOS

- El museo de Stalin, en su casa natal de Gori, Georgia.
- La tumba de Stalin, en el Kremlin, Moscú.
- El canal mar Báltico-mar Blanco (*Belomorkanal*), el canal de Moscú y el canal Don-Volga son grandes proyectos estalinianos realizados por los detenidos del Gulag (Rusia).
- El metro de Moscú, Rusia.
- Las Siete Hermanas de Moscú, una serie de rascacielos estalinianos.

¡APRENDER NUNCA ANTES FUE TAN RÁPIDO!

www.en50minutos.es